ESTHETIQUE DE LA TENTATION

L'Esthétique de la tentation de L.N.A.
a vu le jour sur les presses numériques de l'Imprimerie Maury S.A.,
21, rue du Pont-de-Fer, 12100 Millau,
le 28 novembre 2001.
Il a été tiré 200 exemplaires sur papier Centaure ivoire 120g
et couverture Conqueror vergé 300g
dont 20 exemplaires numérotés de 1 à 20
agrémentés d'une photo originale d'Elian Bachini.

Dépôt légal : décembre 2001 – N° d'impression : J01/25937 E

Pour Fabienne,

Quelques mots, une image, des sensations... nous avons tous un passé commun à partager, quelque chose de connu ou de retrouvé !

Amicalement,

A celui qui a choisi d'être Roméo

Hélène

DEPLACEMENTS I

I
LA FASCINATION - LA STUPEUR

POLARISATION I

II
LE MIROIR - LE SILENCE

III
LA SIDERATION - L'EVIDENCE

POLARISATION II

IV
LA FICTION - LE COMBAT

POLARISATION III

DEPLACEMENTS II

DEPLACEMENTS I

DEPLACEMENTS I

RIEN DE CE QUI M'EST IMPORTANT NE M'EST ARRIVE SANS VIOLENCE

Je me déplace.
Je me déplace dans un monde hétéroclite dont les divers éléments
Les différents composants
m'attirent, me repoussent, m'indiffèrent.

J'avance dans des états de conscience, d'inconscience, d'insouciance, de semi-éveil

Je pose mon regard sur tout ce qui m'entoure
– don – fatalité – bonheur – inestimable fonction vitale –
me protège de toute menace, toute situation tout événement déstabilisant ou m'y fait plonger de toutes mes forces ma volonté le désir d'être le désir de vivre bien avant tout le reste.
Le désir de vivre. Contre lequel rien n'est à la hauteur de la lutte.

Je me déplace. – don – fatalité – bonheur – inestimable fonction vitale –

Je rencontre l'espace
élémentaires particules de l'air que je respire et qui m'isole des indésirables de tout ce que je ne souhaite pas rencontrer

Et je rencontre le tout petit espace qui protège les corps que je voudrais rencontrer
Le plus petit espace de protection sauvegarde des enveloppes charnelles qui contiennent secrets des systèmes de pensée qui ne souhaitent pas que je les atteigne.
C'est encore et toujours le désir qui détermine le déplacement, vacille entre ouverture et fermeture comprime jusqu'à l'étouffement ou irradie jusqu'à la clarté des évidences en plein soleil.

La pensée toujours en mouvement
circonvolutions spirales courbes
échafaudages strates murs
modelables sans fin et sans cesse

parfois tout s'échappe
parfois tout échappe à tout contrôle
Le corps est bien obligé de se mouvoir alors
L'immobilité est un facteur de perméabilité au trouble
ne se conçoit que dans le calme absolu
Mais ne se conçoit le calme absolu que loin de toute tentation, loin de toute esthétique.

I

LA FASCINATION - LA STUPEUR

I

LA FASCINATION - LA STUPEUR

Il fait chaud c'est l'été.

Je marche dans une cour ombragée sur de la terre et des feuilles mêlées.

J'avance vers une tache claire, une toile tendue pour protéger du soleil et du vent.
Et de la pluie aussi. Mais les pluies d'été sont rares.

J'ai peur de m'ennuyer.

Je n'attends rien de particulier.

C'est le début de la soirée. J'accompagne un ami qui a un rendez-vous professionnel.
Il se sent toujours bien en ma compagnie, me dit qu'on le félicite sur sa manière de s'entourer.

Je n'attends rien de particulier.

Je n'ai rien à démontrer.

Je suis . Là. C'est tout.

Je n'attends rien de particulier.

Mais tu es là.

Je ne le savais pas.

Je ne te savais pas.

- Je te parle alors que je viens de laisser un message sur ton répondeur et j'écoute de la musique sublime parce que c'est tout ce que j'ai envie d'entendre. -

On me présente à toi.
De tous les gens présents, je suis la seule à ne pas te connaître.
On ne m'avait jamais parlé de toi, sinon quelques heures auparavant, juste une phrase ou deux, te mentionnant à peine.
Et mes yeux rencontrent les tiens.
A cet instant je me suis demandée si on m'avait déjà regardée.
A cet instant précis le premier regard de ma vie sans artifice, sans dissimulation.
Ce qu'on ne m'avait jamais donné.
Comme à chaque découverte fondamentale, après l'étonnement viennent le choc, l'indescriptible trouble comme on reviendrait du fond de l'océan après une longue apnée.
A cet instant, le silence est aussi radieux qu'irradié.
Pèse sur les corps le silence de tant de surprise, alourdit tout geste, ralentit toute courbe fige toute amorce et
pèse sur les pensées, écrase toute parole, noie les mots et pétrifie les sourires.
Mais je continue à te voir.

Pourtant rien n'a changé.
Je me détourne.
Je ne veux pas d'intrus dans ce regard, ces quelques secondes.
Je ne veux pas qu'on vienne s'immiscer dans l'espace qui relie nos yeux.

Tu te détournes aussi. Tu parles avec l'ami que j'accompagne.

Vous vous éloignez tous les deux.

Je ne regarde surtout pas dans votre direction.

Je suis complètement soudée au sol.

Tant de clarté, tant d'évidences assombrissent toute conception que j'avais auparavant sur le regard de l'homme qui sait qu'il risque en quelques secondes de passer de l'état de chasseur à celui de proie.

Peut-être.

Pourtant rien n'a changé.

Les séquences vidéo qui se succèdent, les gens qui sont là avec toi, immuable présence de ce qui n'est pas touché par la grâce, immobilité parfaite de l'absence d'émotions leurs vies ne basculent ni ne chancellent.

Moi, la mienne prend la direction inconnue que seul le danger balise.

Vous êtes allés marcher dans le parc, sans doute pour parler affaires. Votre démarche est celle des hommes entre eux, les mains dans les poches, le regard au loin.

Je suis loin.

Je pense.

Il ne faut pas que je me tourne vers toi.

Après quelques minutes, vous revenez vers moi.

L'ami que j'accompagne m'appelle. J'entends mon prénom. Je tourne la tête.

C'est toi que je vois.

Cela confirme ton premier mouvement, ton regard rivé sur moi, avec peut-être un tout petit peu de retenue. Mais peut-être pas.

Je crois que tes yeux n'en sont pas capables alors que le corps connaît la mise en retrait, comme croisant les bras et les jambes pour se fermer à toute atteinte.

Je ne sais pas encore que tu lui as parlé de moi pendant les quelques minutes de votre déplacement.
Il a suffi que vous décriviez une petite courbe pour que je sorte de ton champ de vision sans quitter celui de tes pensées.

L'ami me pose une question. Je donne mon avis. Nous ne sommes pas d'accord.
Je ne savais pas que toi, plus tard, beaucoup plus tard, tu serais entièrement d'accord avec moi.
Vous avez marché. Dans la direction opposée à la mienne.
Tu devais t'éloigner de moi pour parler de moi. Pourtant tu pouvais savoir qu'on rapporterait tes paroles. Ça ne te faisait pas peur.
Tes mots s'éloignant de moi, répétés par un autre, sans toi, hors de ta présence ne te faisaient pas peur.

Vous êtes revenus au point de départ je me suis assise et tu t'es assis près de moi, aussi près que l'autorisait le fait qu'on ne se connaissait pas quelques minutes auparavant.

J'ai perdu l'art des mots.

J'allume une cigarette.

Toi aussi.

Tu continues à discuter avec l'ami, tu dis que tu veux qu'on reste à la soirée.
Qu'après, on ira manger quelque part.
L'ami va chercher des places pour le spectacle.
Il reviendra plus tard en disant qu'il n'y en a pas. Qu'il faut attendre que toutes les personnes qui ont réservé se présentent.

Pendant ce temps, le parc s'est rempli de gens, d'inconnus de toutes sortes. C'est l'été dans une ville branchée, un milieu branché alors il y a beaucoup de couleurs, de formes, de matières.

Toi, tu parles à des gens.

Tu t'es déplacé.

L'ami se charge de négocier des billets alors que nous n'avons fait aucune réservation, comme il est l'usage .

Et moi je téléphone.

Il faut que je bouge, que je fasse quelque chose, que j'aie l'air absorbé.

Plus tard, beaucoup plus tard, quand tu téléphoneras tu me regarderas encore.

Maintenant moi aussi je parle de toi. A la différence que si ce n'est pas moi qui te le dis, tu ne le sauras jamais.

Je me déplace sans arrêt.

Je veux savoir si tu me suis. Je veux savoir si tu veux savoir de moi. De mon apparence, un peu plus.

C'est celui qui bouge le plus qui a l'avantage, non pas celui qui cherche à l'en empêcher, statufié dans sa concentration muette.

J'ai peur d'avoir l'air immobilisé par ta présence.

Mais on ne peut se déplacer sans raisons.

Il faut un prétexte à tout mouvement, une intention.

Quelque chose pour se détourner, et quelque chose pour se rapprocher.

Des vibrations ténues dans l'espace qui nous sépare nous font nous regarder.

Une fuite, une ébauche de fuite qu'il faut que l'autre suive.

Savoir comment l'espace va accueillir le corps en mouvement. Ne rien ignorer de son parcours, visuellement. Et inventer. Toujours inventer une suite de pas, de gestes, d'appropriation de l'espace.

Il faut que l'espace qui nous sépare ait l'air de m'appartenir. Que je donne la sensation d'y mouvoir avec facilité.

Ma conversation téléphonique se prolonge.

Tu es séparé de notre ami commun.

Tu dois accueillir le monde. Les autres.

Ceci est ton territoire, ton domaine, ton champ d'action, moi je suis en terrain inconnu et personne n'attend rien de moi.

De toi le monde a ses exigences. Tu as quitté mon espace.

Je parle, je me déplace : je joue à apparaître et disparaître derrière les arbres, le mobilier de jardin.

On croirait que je visite.

Je ris, je souris pour mieux dominer les torrents d'adrénaline qui ont envahi mon organisme, s'obstinent à ne pas vouloir quitter mon corps.

Je t'ai perdu de vue. Tu as gagné.

L'ami s'impatiente car il a quelque chose à me dire mais moi je n'ai pas terminé ma conversation, la dissimulation de cette perfection statique contre laquelle je pense pouvoir agir si peu.

Le moindre de mes gestes, le plus infime de mes déplacements doit m'aider à cacher l'intérieur qui se craquelle, se fendille, mes pensées qui se liquéfient jusqu'à former un lac à l'intérieur de ma tête.

Comment retrouver un élément solide là-dedans ? Quelque chose qui ait un sens, un peu d'humour, d'à-propos.

Mais tout est brûlant.

Lave en fusion.

L'ami me fait des signes.

Je raccroche. Je promets de rappeler plus tard.

Je le rejoins et nous marchons vers la foule qui s'agglomère devant l'accueil et ça m'éloigne de toi.

Je cherche entre les arbres un passage, une voie d'accès visuel vers là où tu pourrais bien te trouver.

Je ne veux pas qu'on me voie te voir.
Je me détourne. Rapidement.
Il n'y a aucun moyen de rester ce soir.
L'ami veut qu'on aille dîner en ville, juste lui et moi. Comme je ne sais pas ce que nous sommes censés aller voir, je ne peux pas insister.
Ça y est, je te vois.
Je sais maintenant où tu es.
Nos visages, de loin, se font face, c'est donc que tu me regardes à l'instant précis où je pose mes yeux sur toi.

Une jeune femme et une enfant t'ont rejoint. L'enfant quitte brusquement la femme, se précipite vers toi, jette son espace contre ton espace jusqu'à ce qu'ils disparaissent. La jeune femme se tient loin de toi, assise à côté d'une autre femme. Elles semblent discuter sans conviction.
L'ami me conduit vers la jeune femme.
Il la connaît puisqu'il te connaît.
Il la salue, ils échangent quelques paroles.
Puis il lui dit qu'il te cherche pour te dire au revoir, elle répond en faisant un vague geste que tu es « là-bas ». Elle est brune, et plutôt jolie.
L'enfant est blonde. Est assise contre toi, ne se soucie pas de la jeune femme. Ne la cherche pas du regard.
Moi, je ne dis pas que je sais exactement où tu es. Mais je le sais.
Par la position que je prends je te donne à voir qu'il m'est égal que tu te trouves là où tu te trouves, loin de moi, près de moi, à portée de tes yeux, hors de portée de ton champ visuel.
Je ne peux dissimuler mon trouble que par de la négation corporelle. Je te tourne le dos. Donne l'illusion d'ignorer ta présence. En totalité.

Je suis seule à savoir que c'est un mensonge.

L'ami se tourne vers l'endroit où tu te tiens assis, l'enfant se serrant contre toi.

Nous avançons, mais je donne l'impression de suivre d'un peu loin. Même, surtout si j'ai envie d'accélérer le pas, si j'ai envie que la distance qui me sépare de toi soit abolie le plus vite possible.

Tu souris.

L'ami te dit que nous ne restons pas, que c'est complet, il te dit que nous partons dîner en ville.

Tu insistes pour qu'on reste, tu dis qu' « on » va trouver une solution.

Tu es assis, tu ne bouges pas.

Debout devant toi, je te regarde parler.

Je regarde ton immobilité. Je peux presque entrer dans tes schémas de pensée. Ce que tu cherches à associer logiquement pour nous retenir encore un peu, là, debout, dans une position qui donne l'imminence du départ, si tu te lèves à ton tour, le mouvement que tu imprimerais à l'espace qui nous sépare donnerait l'impulsion du commencement, de la mise en route depuis le sol.

Alors tu ne bouges surtout pas.

Puis, devant la décision de partir, tu dis que c'est dommage. Que tu aurais bien voulu.

Je souris un peu mécaniquement.

Je sais que c'est maintenant imminent.

Que le rôle que tu as à jouer va nous séparer.

Tu ne chercheras pas à cacher que tu me regardes m'éloigner. La liberté de tes regards me surprend, me fascine.

Je pense à cet instant que je ne te reverrai jamais.

Que je vais quitter cet espace qui t'appartient. Que je vais devoir opérer un demi-tour à l'opposé de ma volonté, que mes pieds vont me porter ailleurs, dans un lieu où je ne veux pas être. Où je ne serai pas totalement. Où je vais devoir jouer à être.

Je pense encore une fois que je ne te reverrai jamais, un peu différemment cette fois.

Je me force à me dire que c'est mieux ainsi, pour moi.

C'est l'été, il fait nuit maintenant.

Il fait chaud et je vais aller dîner en ville.

POLARISATION I

Elle dit que la première fois, les regards s'étaient scellés. Elle dit qu'elle a fait tout son possible, et même son impossible pour oublier ce regard-là, ces yeux et tout ce qu'elle avait pu y lire. Elle dit encore qu'il y avait dans tout ce qu'elle déchiffrait trop de tension, trop de violence, trop de profondeurs, trop d'immédiateté et trop d'impossibilités.

Elle dit que le temps avait su
s'y arrêter pourtant :quelques
secondes d'immobilité totale
avec pour seul mouvement
les paroles du regard.

Elle dit que rien que pour ces yeux-là, elle savait qu'elle acceptait sans possibilité de retour en arrière de se mettre en danger.
Elle voulait dire : le danger total, celui qui désintègre immédiatement tous les boucliers et tous les masques avant même que de s'en rendre compte.
Elle dit qu'elle acceptait sans reddition le déséquilibre, comme une évidence, une indication de niveau, là, juste au bord des yeux...
Elle dit qu'elle attendait l'impulsion qui aurait calmé le séisme, qu'elle attendait le mouvement qui aurait pu lui donner à croire qu'elle n'avait fait que rêver au lieu de vivre.

Mais elle dit que tes yeux n'ont pas su le faire.

Elle dit qu'elle a fini par ne plus guetter ton regard parce que ce qu'elle continuait à y lire c'était encore et toujours la même chose.
Elle dit qu'elle ne pouvait plus supporter le piège, l'emprise de tes yeux qui ne savaient quel repaire offrir non seulement à ses yeux, mais à tout son être.

Elle dit qu'elle n'avait jamais lu dans un regard.
Et qu'elle a dû, sans le savoir,
donner aussi à lire.

Elle dit encore qu'elle sait que, parfois, le ciel est en bas.

II

LE MIROIR - LE SILENCE

II

LE MIROIR – LE SILENCE

C'est l'hiver il fait froid.
J'ai froid.
Dans cette ville inconnue, c'est toujours le même ami que j'accompagne.
Seul lien logique entre deux vies.
Nous avons roulé sous une pluie fine, et nous sommes arrivés en fin de matinée.
Je sais que je vais te revoir.
Tu sais que je viens.

Nous arrivons.
J'ai froid.
Je bois un café brûlant et j'attends.

J'arrive dans ce lieu étranger, face à des murs d'images.
Je regarde de tous les côtés à la fois.
La peur et le désir sont les dénominateurs communs de la transformation de l'humain en animal.
Un grand escalier me fait face, oblique à quatre-vingt-dix degrés et disparaît. J'ignore encore que je vais devoir l'emprunter et l'emprunter encore avant que tu ne le gravisses à ton tour.

L'ami que j'accompagne sait, ou ne sait pas où et quand vous devez vous retrouver.

Il ne dit rien.

Je ne demande rien.

J'attends juste de savoir ce que ton espace va faire de mon espace. Tes yeux de mes yeux.

Je ne sais pas.

Je ne sais pas si je vais retrouver le regard que je connais déjà, ou si je vais devoir le scruter jusqu'à n'y découvrir qu'un territoire étranger.

Je chercherai jusqu'à comprendre si j'atteins la même évidence, ou si je me trompe.

Je ne sais plus rien de ce que j'ai mis si longtemps à apprendre.

J'ai peur d'avoir tout oublié.

J'attends.

Les gens qui t'accompagnent d'ordinaire sont ici maintenant. Dans ton absence, tu es là. De par la connaissance qu'ils ont de toi.

Nous travaillons. Sans cesse.

L'ami me demande mon avis. A nouveau, nous sommes en désaccord.

J'ai une conception minimaliste de l'effet à obtenir, radicalement opposée à la sensation de poids que j'éprouve, une inclinaison aérienne à définir autour de ces images en suspension.

Plus j'attends ta venue, plus je perds mes certitudes.

Je les ramasse à mes pieds.

Les remets maladroitement à peu près à leur place. En désordre je crois.

L'équilibre est fragile.
J'ai la sensation d'une vulnérabilité extrême. Qui ne transparaît pas, une sensibilité qui déborde jusqu'à recouvrir tout ce qui m'entoure.
Maintenant tout me ressemble.

Plus tard, quelques éternités plus tard, j'apprends enfin que tu dois venir.

Je suis assise sur un grand canapé de cuir.
L'ami que j'accompagne te voit avant que je ne te voie, pendant que j'interroge mes souvenirs qui te reconstruisent.

Tu entres.

Je ne bouge pas.

Tu salues l'ami que j'accompagne.
Et tu me salues comme si nous partagions la même connaissance intime l'un de l'autre.
Je ne sais trop à quoi cela ressemble. Je peux juste dire que ce n'est ni de la neutralité, ni l'expression de conventions.
Maintenant, rester assise dissimule mon trouble.
Mon sourire contrôle ma nébuleuse consistance.
Je n'avais pas oublié tes yeux. J'avais juste laissé le temps les éloigner de ma mémoire. Je l'avais aidé peut-être.
Peut-être pas.

Le désir s'enchâsse à la peur. Je sais que pendant longtemps, longtemps, ils ne vont pas se quitter.
Je fixe le plaisir, agglomérat contradictoire de ce que je vais laisser échapper de moi. Qui va se coller sur ta pensée. Consciente. En éveil. En alerte.

Ce que je ne peux pas maîtriser.
Ce dont tu veux. Ou pas.
Ce que tu t'accordes. Ou non.
Je sais ce que tes yeux donnent envie de donner.

L'ami que j'accompagne te dit que nous retournons travailler. Que nous voulions juste te saluer.
Je le laisse parler pour moi.
Tu dis que tu nous rejoindras plus tard. Dans un moment. Que tu passeras nous voir.
Mais tu mens sur le temps. Je l'ignore encore.

Nous repartons.
Le trouble que je ressens s'enveloppe progressivement d'une étrange et infime euphorie. Rien de cohérent ne l'induit. Je ne sais pas si j'en veux ou si je n'en veux pas.
Je me concentre sur le temps qui va séparer nos espaces.
Je l'étire et le comprime. Il m'est égal maintenant.

Je gravis à nouveau l'escalier.
Je suis au-dessus de la ville au-dessus de la place principale au-dessus du ciel et des nuages. Je tente d'y créer mon domaine dans un temps très court.
Il me faut tant de forces.

Te voilà.

Tu es là, immédiatement après nous.
L'impact est de même nature, de même violence, complexe à force de volonté de simplification à chaque fois que tes yeux entrent en contact avec les miens.

Nous nous tenons debout tous les trois. Formant sur le sol un triangle mobile.

L'ami que j'accompagne te raconte l'histoire de notre travail depuis la veille. Me présente à toi comme origine de la réussite atteinte.
Tu approuves. Tu dis que je suis précieuse. Tu ajoutes mon prénom. Avec un très bref et pourtant interminable silence entre le dernier mot et mon prénom.
A cet instant, je suis forcée d'empêcher le ciel de venir à ma rencontre.
Il est trop proche de moi, en bas.
J'ai peur.

Nous parlons toujours.

J'ai la sensation physique de former avec toi une entité face à la troisième personne. Tu as annulé en un déplacement la distance qui nous séparait.
Nos espaces respectifs semblent se fondre.
Je peux presque sentir ton discours comme si nous étions en opposition corporelle face à un discours étranger. Peut-être même hostile. La même position face à un danger.

Je ne te regarde pas parce que je peux te sentir.
Tu ne me regardes pas non plus.
Plus tard, l'ami que j'accompagne me dira avoir été frappé par cette proximité.
Je n'ai rien inventé.
Quelques minutes où seule la parole est en mouvement. Où j'interviens à peine. Frappée de plein fouet par ta liberté de positionnement ordonnant l'anéantissement de toute opinion extérieure.

Je ne me déplace pas. Confirme ton choix par cette lourdeur invisible, chargée de sens. Qui se détache de moi et qui serait insoutenable si elle était traduite en mots.
Je ne saurais pas le faire.
Personne n'en serait capable.
Il y a là en moi tout ce que je dois taire. L'informulable tapi derrière ce dernier bouclier de chair, immobilisé juste avant cette monumentale détente qui ne sera jamais déclenchée.

Tu es loin de moi. De l'autre côté de la pièce.
Dans le flou de nos regards qui nous apporte une forme de sécurité, dans la distance physique, tu me questionnes.
Tu ne sais rien de moi.
Rien au-delà de ce que tu as vu.
Rien au-delà de ce qu'on t'a montré de moi. Ces images.
Je te réponds avec facilité.
L'éloignement donne une certaine épaisseur à mes phrases. En étirant ma voix, il forme une distorsion dans mon chaos, dénoue le bouleversement.

Maintenant, un besoin de dépasser les apparences.
Déchiqueter sans attendre les strates qui composent les masques.
Les boucliers.
Savoir immédiatement si tu as vu du feu là où il n'y avait que de la glace. Combien de temps met la glace avant de s'embraser.
Savoir si le feu cache un autre feu. S'il y a un cœur.
Je suis ainsi.
Mais c'est dans ton regard seul que je cherche la réponse. Ne peut pas être qu'un miroir. Ne peut pas être juste une projection de mon étonnement. De mon audace. De ce qui se réveille en moi.

J'ai cette sensation particulière, cette volonté de connaître le réel sans quitter des yeux le fantasme. Je glisse sur la paroi lisse des seules images que je reçois de l'extérieur.

Mes yeux ne peuvent se tromper lorsqu'ils rencontrent tant de clarté. D'évidences.

L'ami nous laisse. Emprunte l'escalier pour descendre, et , se mouvant, nous plonge dans un autre niveau d'intimité, de conscience. La réalité de nos espaces, la consistance de nos présences plus dense. Ne restent plus que les couches superficielles physiques.

La pièce semble se remplir d'eau.

Je dois trouver un autre degré de respiration.

M'adapter dans l'immédiat, sans distance possible d'avec le morceau de vie précédent à la pression de l'air qui m'entoure.

Toi. Tu ne dis rien.

Tu tends ces cordes qui descendent du ciel métallique, cette structure d'acier qui conditionne les limites de nos déplacements.

Nous sommes enfermés entre des murs d'images.

Comme lorsqu'il faisait chaud dans ce parc et que c'était l'été, maintenant seule une moitié de moi joue le jeu de l'apparition et de la disparition.

J'ai l'avantage.

Tu restes en retrait. Tu établis des contacts parallèles entre le sol et le ciel de métal.

Tu ne dis rien.

Je me tiens à l'opposé de la pièce. Je t'observe. Me demande de quelle manière tu perçois le poids de mon regard.

Je me demande si tu vas te retourner.

Quand tu vas te retourner.

Me prépare à recevoir tes yeux.
Mon espace envahit tout l'espace à l'instant où tu ne sais que dire.
Où tu ne peux dire ?
Où tu ne sais pas me faire face.
Ce que tu connais de tes regards, tu ne peux pas le mettre en mots.
Les mots seraient un peu flous, recouverts par leur propre stupeur.
L'étrange son de leur écho.
Tu ne sais si tu pourrais combattre le trop intime. Corriger une trop grande vulgarisation du réel.

Alors je choisis les mots ouverts du banal, du présent.
Leur vibration claire, simple, assurée me revient et me surprend.
Je te facilite les choses. Les induit. Leur trace une route logique.
Je bâtis le degré zéro du pont verbal.

J'attends ta réponse. Qui ne vient pas.

Alors j'avance vers toi. Confiante en mon apparence.

Tu ne me regardes pas.
Je domine ton silence.
Je domine l'immobilité de ton espace.

Après, longtemps après, tu te lèves.
Tu viens me parler. Tu te tiens près de moi. Nous parlons de l'ami que j'accompagne.
Seul lien logique entre deux vies.
Tu reprends la même place à côté de moi. Comme si avoir marqué cet emplacement constituait une forme de passé commun.
Quelque chose sur quoi s'appuyer.
Comme on le ferait d'une rampe.
Nous parlons de l'ami que j'accompagne. De l'aboutissement de son travail. De la réussite obtenue.
Nous parlons presque à voix basse. Dans une perfection statique.
Nos immobilités se prolongent l'une l'autre.

Un mouvement modifierait les paramètres de ce que nos intentions soutiennent.

L'ami revient. Ma dernière idée de travail, à laquelle il a tenté de donner corps, a échoué. Trop d'inventivité ou d'ambition, trop d'imagination.

Tu dis que tu dois partir.
Que tu as un rendez-vous.
Avant de partir, tu téléphones.
L'ami que j'accompagne nous laisse seuls en se retournant.
Encore un de tes regards. Le plus évident, le plus clair. Le plus dérangeant.
Tu autorises tes yeux à t'attarder sur moi. Directement à l'intérieur des miens.
Je ne sais que sourire. Seul soutien probable.
Je glisse progressivement derrière une image. Je ne veux pas te donner de regard comme celui que je reçois. Ne pas laisser apparaître la sensation incendiée.

Tu t'attardes encore un peu.
Laisse ton discours parcourir les quelques centimètres qui nous séparent.

Et tu pars.
Laisse traîner derrière toi le sillage de l'orientation de tes regards.
Derrière toi en suspension dans l'espace l'absence d'énonciation de tes intentions.
Derrière toi, dans l'absence de projection, l'ombre de ton déplacement.

Et tu n'es plus là.

Nous partons déjeuner.

De ce que je pense, je tairai tout.
Ce qui s'échapperait de moi m'exposerait à toutes les épreuves.
Je ne m'autorise pas à te prolonger dans mes pensées.
Je déjeune en ville.

Violence de t'effacer.
Mais tu reviens.
Dans cet endroit dont personne ne t'a parlé.
Tu t'assois près de moi.
Plonges dans ton café.
Et tu me parles au pluriel.
Tu dis que si je reviens, il n'y a de place que dans ton espace proche. Plus rien ailleurs.
Je ne relève pas.
Je ne réponds pas.
Je ne veux rien imaginer, rien prolonger, rien construire.
Interdis à ma pensée de venir se coller contre ton discours. Lutte.
Je te regarde partir.
Je plonge dans mon café.
Dans quelques heures, je quitterai la ville.
Je ne sais pas encore que j'y reviendrai.
Je termine mon café.
Je crois même que je souris.
J'ai froid.

III

LA SIDERATION - L' EVIDENCE

III

LA SIDERATION - L' EVIDENCE

C'est toujours l'hiver .

Quelques jours seulement se sont écoulés depuis la fois précédente.
La pluie a cessé.
Maintenant le soleil. Et toujours le silence.
Radieux.
Le vent souffle violemment.
Je reviens dans cette ville où toi tu es resté.
Tu resteras plusieurs jours encore.
Seul.
Je multiplie les déplacements.
J'ignore que j'y reviendrai à nouveau.
C'est toujours le même ami que je dois retrouver.
Seul lien logique entre deux vies.

Je l'appelle depuis la terrasse du café où je me suis installée.
Il dit qu'il me rejoint tout de suite.
Je suis en plein soleil.
Je t'attends. Peut-être. Sans le savoir.
Je regarde autour de moi. Coups d'œil circulaires.
Mon champ de vision est envahi par un grand nombre d'éléments simultanés.

Beaucoup de mouvements.
Grand souffle, nombreuses voix.
La foule est de plus en plus dense.
Je ne bouge pas.
Je n'ai pas eu le temps de passer ma commande.
Tu es là devant moi.
Je ne peux voir que les derniers pas qui t'amènent vers moi.
Je pense que tu as pu m'apercevoir de loin.
Tu es là devant moi.
Au même moment que l'ami qui me rejoint.
Je te vois avant de le voir.
Tu arrives face à moi, dans un espace dégagé.
Libre de tout obstacle.
Maintenant tu occupes tout cet espace.
Vous êtes tous les deux debout, toi face à moi et l'ami à côté de moi.
L'ami parle de grands esprits.
Vous vous asseyez tous deux.
Je ne vous écoute plus.
Je vous écoute et j'interviens.
Je décroche et raccroche à la conversation.
Alternativement.
Le trouble que je ressens à nouveau est plus diffus. Sa densité m'entraîne vers des territoires différents. Tour à tour immenses et obscurs, immenses et lumineux.
J'erre quelque part par la pensée.
J'ignore où précisément . Peu m'importe.
Je sais seulement que je dois revenir vers vous.
Vers toi.
Vous retrouver sur cette place ensoleillée, balayée par le vent.

Je crois que ta désinvolture est feinte.

Je le sais parce que tes yeux sont les mêmes.
Je ne peux qu'aller et venir de ton regard aux étranges paysages où ma pensée m'envoie.

Parce que ton regard ne m'est que sidération.
Fascinée par l'étendue de la fascination que tes yeux me renvoient.
Surprise.
Etonnement.
Confusion.
Il m'est impossible de te fuir, impossible de te toucher.
Je suis juste capable de faire en sorte que nos espaces ne s'éloignent le moins possible l'un de l'autre.
Tu parles à l'ami que j'accompagne.
De temps à autre, tu poses ton regard sur moi.
Son déplacement m'invite à entrer dans un monde que je connais peu.
Cet instant s'éternise.
Et ne s'éternise pas.
Puisque je ne parle pas je peux immobiliser mes yeux sur toi.
Rien ne m'obligera à y ajouter des paroles.
Rien ne me retient.

L'ami que j'ai rejoint me propose d'aller déjeuner. Dans un endroit que nous connaissons déjà.
Tu dis que tu veux bien nous accompagner.
Tu te lèves avant nous.
Avant moi.
Nous nous dirigeons vers les petites rues.
Je te suis.
Je te précède.
Je suis à la fois devant et derrière toi.

De chaque côté de toi.
Je le sais parce que ma position physique par rapport à toi ne t'apparaît pas comme évidente. Tu la cherches.
Je joue à être nulle part et partout à la fois..
L'ami que j'ai rejoint et moi sommes déjà venus dans cet endroit. Il te le dit.
Nous entrons.
Vous me laissez passer.
Je m'enfonce dans l'obscurité d'un angle , sur une banquette et contre un mur.

Le choc des espaces.
L'évidence.
J'accepte d'être immobilisée. Sans pouvoir fuir.
Des vibrations inévitables se fraient un chemin dans l'air qui nous sépare.
Actuellement, il y a très peu de distance entre nos espaces . Trop peu. Nous nous connaissons si peu.
Tu ne me regardes surtout pas.
Tu veux bouger mais tu te l'interdis.
L'ami que j'accompagne parle, rit, sourit.
Moi aussi. Toi aussi.

Tu parles de toi. De ta vie. Juste un peu. De ce qu'a été ta vie.
Tu donnes quelques éléments. Je sais que c'est à moi que tu parles.
Ce que tu veux que je sache de toi.
Je ne parle pas de moi.
Ma pensée tente de construire ton univers. Tout en restant présente physiquement.
Tente de comprendre. A la vitesse de la lumière.

Etablit des connexions qui délimitent ce qui t'enferme. Ce qui te limite. Ce qui t'a conduit à être.
J'essaie de voir au-delà. De reconstituer le passé.

Je ne demande rien à l'ami commun.
Je ne veux pas qu'il voie.
Je ne veux pas qu'il remonte le courant des vibrations qui conduisent à toi. Aussi facilement que gravir le grand escalier qui mène aux murs d'images. Aux voix. Aux lumières.
Je peux juste attendre de lui qu'il ne voie rien.
Malgré l'évidence.

Nous quittons le restaurant.
Tu es attendu. Rencontres professionnelles.
Nous devons nous retrouver ce soir.

Concentration maximale pendant les quelques heures qui séparent la soirée de ce moment.
Je ne me laisse pas un instant de répit. Pas une seule minute sans surveillance. Je guette le moindre de mes mouvements. La moindre trace d'excès. Le moindre geste qui aurait un peu trop d'ampleur. Le moindre débordement. La moindre marque d'impatience.
Quelque chose qui ne serait pas moi.
Qui serait au-delà de moi.
Un éclat différent dans mes yeux. Un peu trop de lumière.
Une simple petite exagération.
Je ne peux empêcher ma pensée de fuser vers ton image.
Je ne peux rien retenir.
Je continue malgré l'épuisement qu'impose le contrôle.

Bientôt nous nous retrouvons dans une immense pièce, au milieu de toute une foule.
Des gens parlent. Un petit groupe s'adresse à la foule.
Tous les corps présents ont libéré un espace, traçant un cercle vide au centre de la pièce.
Je sais où tu te tiens.
Tu sais où je me trouve.
Quelles que soient nos positions, nous sommes dans un étrange face à face.
Pas de déplacement de nos espaces.
Augmentation de la pression atmosphérique.
Je ne me cache pas pour te regarder.
Tu ne dissimules rien non plus.
Je me concentre sur le discours prononcé. Je parviens à en saisir une partie.
Mon esprit est entièrement occupé par ton isolement face au mien.
Par la foule qui nous entoure mais ne bloque rien.
Nous ne perdons pas de temps à amorcer les mouvements pour nous rapprocher. Leur simultanéité pourrait alors nous éloigner.
Je suis un papillon épinglé.
J'apparais à mon avantage. Personne ne peut voir les pointes métalliques dans mes mains.

Je ne bouge pas.
A travers la foule nos espaces communiquent.

Le groupe termine son discours.
La configuration de la salle se modifie rapidement.
Je reste avec l'ami que j'accompagne.
Des gens nous rejoignent.
Me parlent.

Je t'ai perdu dans la foule.
Je sais que tu ne pars pas.
Je ne te cherche pas.
Nous allons nous retrouver plus tard.
J'affiche une décontraction absolue.
Je me déplace. Je regarde droit devant moi.
Je continue de circuler dans la pièce, avec des intentions précises.
Je décris une courbe qui me ramène à mon point de départ.
Soudain, tu es face à moi. Tout près de moi.
C'est moi à nouveau qui établis le lien verbal. Qui déclenche le rire.
Aussi soudainement que nous étions deux, nous sommes trois à parler.
Nous restons jusqu'à l'heure du spectacle.
Le jeu peut reprendre.
Je n'évalue pas la durée du temps qui s'écoule. N'en suis pas capable.
Je donne à voir un grand calme.
Je maîtrise une certaine lenteur dans mes gestes, à laquelle j'apporte beaucoup de soin.
Je te regarde à peine. Je connais ce qu'à chaque fois je vais extraire de ton regard.
Il y a là trop de gens.
Puis, je cesse de te regarder à partir du moment où je sais que nous allons nous retrouver.

Nous quittons l'immense pièce qui a déjà commencé à se vider.
Nous nous dirigeons vers le lieu prévu à la rencontre d'images, de sons, de mouvements
Nous ne sommes ni deux, ni trois. Maintenant nous sommes plusieurs.

Nous marchons dans les rues de cette ville que je commence à connaître.
Je parle un peu de moi à l'ami que j'accompagne, parce que je sais que tu écoutes.
Nous arrivons.
La foule contenue dans l'immense pièce nous a précédés. Je reconnais quelques personnes.

Nous nous installons.
L'ami que j'accompagne me place entre lui et toi.
Je ne sais encore rien du plus petit contact possible. De la même manière que je ne savais rien d'un vrai regard.
Dans l'obscurité mon espace est dominé par ton espace.
Je me laisse aller à la sensation que tu débarrasses de tout désir de prise de pouvoir.
Sensation quasiment physique bien que quelques centimètres nous séparent. Pour l'instant.
Sans que je puisse déterminer s'il y a eu un commencement
Sans que je puisse évaluer une amorce, une approche, soudain plus aucun espace ne nous sépare.
J'entre en totalité dans la sensation.
Je ne retiens rien. Je n'essaie pas de fuir.
Je maintiens le contact.
Je ne sais pas encore qu'il va s'éterniser.
Je ne sais pas encore qu'il va aller jusqu'à la douleur.
Comme j'entrerais dans l'océan, je plonge dans l'éblouissement tactile…
…envahit peu à peu le corps tout entier alors qu'il ne concerne qu'une infime surface de chair, d'étoffe
…n'est que communication de chaleur.
La plus étrange des brûlures.
La seule que l'on veuille accueillir.

Sans aucune modification des apparences.
Dans cette obscurité m'est indifférent le changement d'aspect de mes yeux.
Que je peux maintenir ouverts ou clos selon ce que je ressens.
Seules des images mobiles me font face.
Des présences qui ne se soucient pas de la mienne.
De ce qui peut se modifier en moi.

Le contact que j'accepte se prolonge.
Subit progressivement un changement. Contre lequel je ne peux pas agir.
Je ne peux que le considérer avec étonnement.
La chaleur se mue peu à peu en une douleur insolite. Légère. Constante. Délicatesse.
M'avertit de son impossibilité à s'inscrire dans la durée telle qu'elle a débuté.
Le contact ne peut suffire. Devient étranger à lui-même dès lors que tout ce qui pouvait s'échanger a eu lieu. Dès lors qu'il communique au reste du corps l'étendue des possibilités de la magnétique attirance qu'il engendre.
Signale qu'il doit s'interrompre ou se généraliser.
Une forme d'alerte.
Avertissement de dépassement.
Atteinte du point de non-retour.

Les lumières se rallument.
Indiquent le début d'une pause.
Nous quittons nos places.
Je me dirige vers l'extérieur.
Je dois marquer mon indépendance.
J'allume une cigarette.

Tu n'es pas sorti. Je ne peux pas le savoir. Je ne me suis pas retournée.
Un signal nous avertit de la reprise.
En regagnant l'intérieur je passe devant toi.
Encore un de tes regards.
Avec le même contenu.
Le même poids. La même densité.
Le même éclat.
La même interrogation.
Je fais du mien un miroir.

Je reprends ma place.
Tu es là. Juste derrière moi.
Et tu rétablis le contact.
Puis le supprimes pour le rétablir à nouveau.
Et tout recommence.
Je plonge encore. Je m'y noie. Parce qu'il n'y a plus d'erreur possible.
Sans retenue. Sans questionnement.
Et je donne ce que je reçois.
Sans décalage d'intensité. De durée.
Simple désir. Volonté. Penchant. Inclinaison. Naturel. Evidence.
Sans le moindre doute. Le doute est une direction que j'ai quittée, là, maintenant. Mais ce n'est pas la certitude.
Je te sens si proche. Je flotte.
Je me suis détachée du sol pourtant mes pieds y sont ancrés.
Je ne suis même plus dans la région dans laquelle je devrais être : celle de la peur.
Ce n'est même plus le danger.
Je reste dans la sensation.

Je décide consciemment de n'exister que dans l'immédiat. En déconsidérant toute notion de passé, de rappel, de futur.

Je me penche vers toi pour te dire quelque chose à voix basse. Je joue de la proximité. Je souffle sur ta peau.
Personne à part toi ne peut le percevoir.
Tu me réponds de la même manière.
Nous posons nos existences dans un prétexte entendu. Compris.
Complicité légère avec ambiguïté.

Les lumières se rallument.
Nous sortons.
Je pars devant. Loin, il me semble. Impose ma présence par l'éloignement géographique de mon image. Présence dans l'absence.

Distance volontaire avec pour seule définition la surprenante facilité dans l'échange des regards.
Tu sais et je sais.
Je te vois. Seul au milieu du groupe.
Quelque chose de particulier te sépare des autres. Quelque chose sans nom.
Il fait totalement nuit.
Ton image comme une empreinte dans mon système de vision.
Une seule seconde pour te retrouver au milieu d'une foule..
Sans erreur.
Sensation familière. Force du retour en arrière dans la force des émotions.

Nous allons dîner. Sommes nombreux.
Quelques minutes pour négocier une installation.
Quelques secondes pour s'asseoir.
Sans hésitation je me dirige vers le fond de la pièce. Je choisis un endroit.
Tu me suis.
Encore une fois tu ne veux pas te trouver face à moi.
Mais à côté de moi.
La proximité physique plutôt que le regard frontal.
Surtout pas le regard.
Ainsi immobilisés nous serions à la merci de tant d'autres paires d'yeux. Prisonniers de l'impossibilité à se faire face librement.
Banalités.
Je reçois un coup de téléphone.
En même temps, tu me demandes une cigarette. Je me débats entre l'objet sonnant et le fond de mon sac. Je mets cinq minutes pour trouver ce que tu veux.
Echange de quelques mots en langue étrangère, Europe de l'est.
Tu esquisses un mouvement vers moi car tu es surpris.
Je ne peux pas plaisanter avec l'amie à l'autre bout de l'onde hertzienne. J'écourte la conversation.
L'ami que j'accompagne sourit. Je lui donne un conseil dans cette même langue étrangère.
Avant qu'il n'ait pu réagir, tu interviens, proposes une traduction d'après le contexte. Tu te trompes.
Je rectifie en souriant.
Plus personne ne parle.

Un moment après, nous abordons mon travail avec l'ami que j'accompagne.
C'est flatteur pour moi.
Je le laisse parler, en rajoute à peine.

Tu me regardes comme je te regarde : lorsque nos yeux ne risquent pas de se rencontrer.
Tu poses des questions. Tu veux savoir.
Je réponds.
Parfois l'ami que j'accompagne répond pour moi. Avant moi.

Nous devons partir.
Nous sortons. Encore une fois, je pars devant.
Nous sommes quatre à prendre la même direction.
Nous marchons en désordre dans les ruelles obscures.
Tu ne dis rien.
La quatrième personne me parle, veut connaître certaines choses.
Tu écoutes. N'es pas responsable de la curiosité de l'autre.
Mais tu apprends.
Et tu parles de toi. Encore un peu de ta vie.
Je suis comme toi. Attentive.
L'ami que j'accompagne et moi sommes arrivés.
Tu prends la même direction que nous. Naturellement.
Il t'avertit de ton erreur en t'indiquant le chemin que tu dois suivre.
Tu manifestes à peine.
Me salues.
Maintenant tu me regardes. Il fait nuit.
Tu me demandes combien de temps je reste, si je dois revenir.
Je réponds que je pars le lendemain.
Tu dis quelque chose comme au plaisir de me revoir.
Je souris.

Je m'empêche de tourner mon espace vers le tien.

Un seul effort, titanesque, pour poser mes yeux droit devant moi, la petite rue dans laquelle je m'engouffre. Dans le froid. La déstabilisation écrasante.
C'est encore plus noir, plus sombre, plus dense.

Je dois oublier.
Je n'ai plus aucune prise sur le contrôle de mes émotions. L'air un peu trop euphorique par rapport à la réalité.
Je n'ai pas sommeil. Propose à l'ami de prendre un dernier verre avant de se séparer. On a moins peur de rêver quand on n'est pas seul.

Je m'endors. Foudroyée mais vivante.

Une nuit sans rêves a brièvement conduit vers un réveil soudain.
Je me prépare à partir. Dans un état de conscience familier et que je redoute.

Petit déjeuner prévu avec l'ami.
Je descends. Il me retrouve. Nous sortons sur la place que je connais maintenant.
Suite de mouvements autour d'une seule et même spirale.
Cercles concentriques au cœur d'une ville qui se résume à quelques centaines de mètres.

Il fait froid.
Encore plus froid.
Nous nous dirigeons vers le café où nous sommes déjà allés plusieurs fois.

L'ami que j'accompagne me fait remarquer que tu y entres.
Nous entrons à notre tour.
Te saluons.
Il cherche une place à côté de toi.
Je me trouve derrière lui, en retrait.
Délibérément.
Je lui propose de nous installer plus loin.

Nous nous asseyons dans le même alignement que toi, à la seule table libre.
Je suis face à toi, je traverse les gens qui nous séparent.
Je te regarde peu, comme on poserait les yeux sur un paysage sans avoir à tourner la tête. Comme quand je regarde simplement devant moi.
De temps à autre, mon regard rencontre un de tes yeux. Toujours le même.
De l'autre côté du mur de présences humaines.
De l'autre côté de leurs espaces immobiles. Espaces que je ne souhaite pas rencontrer.

Tu as un rendez-vous professionnel.
Dans ce même lieu.
Nous reprenons un café.
Je dois partir à midi.
Je dois quitter la ville.
L'ami me propose de rester encore quelques heures. Alors nous décidons d'aller déjeuner quelque part.
Ton rendez-vous est terminé.
Tu nous rejoins à la table. Des places se sont libérées.
Tu t'assois à côté de l'ami que j'accompagne, décalant légèrement ton espace du mien.

Maintenant tu me regardes. Tu n'es pas directement face à moi.
L'ami t'explique son travail. Me prend pour exemple.
Parle de moi, désigne certaines parties de mon visage.
Où tu poses tes yeux.
Une raison pour me regarder.
Tout regard, dans cet instant précis, déterminé, a son prétexte, sa justification.
Je ne distingue rien d'autre dans tes yeux que ce que j'ai toujours pu y voir. Même appel. Imperceptiblement modifié par l'argumentation que t'offre l'ami. Très légèrement désintensifié. A peine un peu moins de densité.
Mais le même.

Tu dis que tu dois rentrer chez toi.

Que tu as de la route à faire. Etrange expression.
Nous partons devant toi.
Rencontrons deux amis de celui que j'accompagne.
Il échange quelques mots avec eux. Mais la conversation, sérieuse, s'éternise un peu trop pour être poursuivie sur la place.
Ils viendront déjeuner avec nous.
Tu es sorti du café après nous. Tu salues à ton tour le couple. Tu commences à discuter avec eux.
L'ami et moi partons devant. Devons régler une question matérielle. Nous nous absentons une demi-heure du cœur de la ville.
De retour au centre, nous nous dirigeons vers l'endroit où nous avons rendez-vous.
Je n'attends rien de particulier.
Je marche à côté de l'ami que j'accompagne.
J'avance entre soleil et vent.

Je vais seulement déjeuner avant de partir. Avec deux personnes que je ne connais pas. Desquelles je vais être l'involontaire confidente.
Toi, tu es parti.
Je marche.
J'entre. L'ami que j'accompagne me laisse passer devant lui.
Envoie mon espace dans la foule.
Et c'est toi que je vois assis, à la place que nous devrions occuper.
Tu n'es pas parti.
Tu parles avec les deux personnes qui nous attendent pour déjeuner.
L'ami me place à côté de toi et cherche à s'installer.
Tu l'arrêtes, tu dis que tu dois partir.
Je suis assise à côté de toi.
Nos espaces sont très proches.
L'endroit est bondé.
Je pense que tu es encore une fois sur ma route.
Que tu es resté sur ma route.
Je ne veux rien imaginer.
Encore moins construire.
Je dois accomplir l'immense effort d'arrêter ma pensée.

Pensée que plus rien ne retient.
Circonvolutions spirales courbes échafaudages murs strates
Inévitables connexions.
Je n'ai jamais réussi à empêcher ma pensée de me devancer.
A la vitesse de la lumière en avant de moi.
J'ai toujours tenté de gagner son niveau sans y parvenir vraiment.

Tu continues à parler.
Encore un peu.

Tu devrais être chez toi.
Mais tu pars seulement maintenant.
Tu me salues.
Me demandes si je reviens.
Je réponds que je ne reviendrai pas.
Tu dis quelque chose comme au plaisir de me revoir.
Je pense que ce que construisent les mots est bien inférieur à ce que la pensée est capable de faire.
Que rien ne remplace une image mentale.
Que rien n'est à la hauteur de l'expression d'un désir par un regard, une respiration. Un souffle que l'on a du mal à prendre tant on peut être écrasé par le poids de ce que l'on ne sait pas dire. Au moment où il faut le dire.
Ce que l'on tait nous exténue.
Ce que l'on passe sous silence nous tue.
Ne sont possibles ni le contact ni la fuite.
Je pense que je devrais te communiquer ma vision d'une réciprocité.
Et que je ne peux pas le faire.
Je pense à trop de choses simultanées.
Je voudrais pouvoir arrêter.

Je te salue.
Je souris.
Mais pas mes yeux.

POLARISATION II

Elle dit que le plus terrible est au-delà de l'exil de soi-même, la sensation d'un monde dévasté, que le plus terrible c'est qu'il faudrait se convaincre de ne rien dire, parce que présentes et puissantes sont les impossibilités – en lesquelles elle ne veut pas croire, en lesquelles tu sembles enfermé.

Elle dit qu'elle s'éloigne du « moi » qu'elle a voulu se construire, celui qui était censé la protéger et qui revient en une sublime et terrifiante courbe vers l'attraction la plus extrême qui la conduit pieds et poings liés vers un état de grâce qui l'éblouit et qui la damne : elle dit qu'elle pensait pouvoir définitivement nier sa composante passionnelle, mais sans cette passion qui parfois se ranime elle dit qu'elle est juste en attente de la vie.

Elle dit qu'elle connaît le gouffre béant
qui devant ses pieds lui donne ce vertige :
elle hésite encore entre la chute et l'envol,
mais tantôt la brèche est installée là,
juste au-dessus de sa tête.

Elle dit qu'il y a comme une marque d'effraction qu'elle a regardée se former, et elle, elle était consentante, elle a autorisé ce libre cours à la violence de tes désirs, ouvert toutes les portes à l'aimantation fatale qui modifie tous les paramètres de l'équilibre – toujours instable – à la base de sa vie, de toute existence humaine.

Elle dit que la densité d'un regard qu'on échange justifie – par ce qu'elle promet tout en offrant à la parole au mieux un droit de réserve, au pire un démenti – un certain temps, ou un temps certain dévolu à une vie tranquille, dans un espace de paix et de tranquillité, de sécurité relatives.

Elle dit encore qu'au bout d'un moment, sans qu'on puisse déterminer les choix de la durée passée à cette vie, tout ce en quoi on a souhaité croire, même en toute sincérité, peut se retrouver en ruines, territoire dévasté par un monstrueux cataclysme interne, d'autant plus monstrueux qu'il reste parfaitement invisible en surface et privé d'expansion au dehors.

Elle dit qu'on se retrouve foudroyé sur place, comme intégré au sol, alors qu'une strate de son être tout entier se détache, libérée de toutes contraintes comme à tout jamais.

Elle dit encore qu'elle sent que, parfois, le ciel est en bas.

IV

LA FICTION - LE COMBAT

IV

LA FICTION - LE COMBAT

Rien n'aurait pu.
Plus fort que mon instinct de survie.

C'est toujours le même hiver.
La même saison.
Le même temps.
La même ville.
Mais cette fois je ne suis plus seule.
Nous sommes quatre.
Des amis chers m'accompagnent.
Nous devons rejoindre le même ami resté sur place.
Je sais que je vais te revoir encore une fois.
Encore une fois.
Plus fort que mon instinct de survie. Qui aurait dû m'éloigner de cette ville. De toi.
Je suis entrée dans la lutte il y a quelques jours.
Depuis que mes yeux ont retrouvé les tiens.
Depuis que mon regard a identifié et reconnu le tien.
Le même que la première fois.
Depuis que je sais que je n'ai rien imaginé.
Depuis que je suis à nouveau confrontée à la réalité de ton espace.
A la proximité que tu as créée.

Depuis, la peur est entrée en moi et ne m'a plus quittée.
La peur enchevêtrée à d'autres sensations.
Un flot ininterrompu d'émotions violentes et incontrôlées.
Que je reconnais si bien.
Occupe tout l'espace à l'intérieur de moi.
Mystérieux envahisseur primaire.
Seigneur de guerre.
A l'intérieur de moi et plus puissant que moi.
J'ignore où va me conduire cet intrus que j'accepte en moi.
Encore une fois.
Familiarité de la descente en rappel.
Familiarité de l'élévation, aussi.
Mais aujourd'hui je peux parler.
Je suis accompagnée par des amis chers.
Dont l'un qui dit de nous que nous sommes comme frère et sœur lorsque l'ogre n'est pas loin.
Je lui parle de toi.
Son sourire me rassure. Sa main sur mon épaule.

Nous retrouvons le même ami sur la même place. Comme si je ne m'étais pas absentée de cette ville. Destin des lieux.
La lumière et plus du tout de vent.
Nous entrons dans l'endroit qui abrite les images en suspension dans l'air.
Tu te trouves là. Quelque part.
Je ne te cherche pas.
Je regarde droit devant moi. Nous restons quelques minutes.
Nous redescendons les marches du grand escalier.

Nous sommes revenus dans le hall. Nous attendons d'entrer dans la pièce du haut, au-delà de cet escalier qui me fait face, oblique à quatre-vingt-dix degrés et disparaît.
Nous attendons longtemps. Je me trouve en première position.
Enfin le signal pour avancer. La foule groupée au pied des marches se met en mouvement d'un seul bloc. Nous progressons lentement.

Depuis les dernières marches, celles qui disparaissent lorsqu'on observe d'en bas, je t'aperçois.

J'avance. Toujours.
Je me place au fond, à l'opposé de la porte d'entrée. Le mouvement de la foule m'y oblige. Une lente vague.
Il fait noir.
La petite pièce continue de se remplir de gens.
Nous serrons nos espaces les uns contre les autres.
Tu entres parmi les derniers.
Tu cherches à t'asseoir. Tout est complet.
E. s'installe sur un dossier pour mieux voir ce qui va se passer. Je fais de même.

Encore une fois, changement de pression atmosphérique. Et je trouve un autre niveau de respiration.
Quelqu'un referme la porte. Nous plonge dans l'obscurité.
La pièce est un lieu clos, étrangement étanche, chargé de particules électriques. Je pense être la seule à le percevoir.
Je peux sentir ce que tu es face à ceux qui m'accompagnent.
Dans l'abîme de ce que ma non-connaissance t'impose. Tu es le même. Dans la cohérence de ce que j'ai toujours vu de toi. Ne cherches pas de protection.
Différent de moi.

Nos regards se croisent, se séparent.
Nos yeux se fixent, restent immobiles une fraction de seconde juste pour se reconnaître. Changent de direction pour se concentrer sur ce qui se passe.
Je ne bouge pas.
Il y a tant de déplacements infimes et violents à l'intérieur de moi.
Seule mon apparente impassibilité constitue une entrave à leur perception par le monde extérieur.
Seul O. connaît la réalité au-delà de la trompeuse tranquillité que j'affiche.
Nous restons ainsi une demi-heure.
Dans le noir quasi-complet. Dans des jeux de miroirs. Des jeux de corps qui s'attirent et se repoussent. Tentative plus ou moins habile de reproduction de la vie. Schémas classiques.
A la fin, tu pars tout de suite. Ta position par rapport à la porte te l'impose, te facilite les choses. Tu ne te retournes pas.

J'attends mon tour pour sortir.
Je parle, je souris, je me concentre pour être attentive. Autour de moi, comme si je me trouvais au centre d'un cercle inviolable, tout va beaucoup trop vite.
Je réalise enfin le déplacement opposé à celui qui m'a conduit dans l'obscurité. Je reviens à la lumière.
Je redescends les marches du grand escalier, loin derrière mes amis.
J'arrive dans le hall.
Tu retournes à l'emplacement que tes obligations t'édictent.
Je t'aperçois en tournant la tête.
Ton regard est déjà posé sur moi.
Tu souris.
Je t'approche.

Mes amis sont sortis.
J'esquisse un mouvement pour te saluer. Tu fais de même.
Petite rencontre de nos espaces.
Tu t'assois immédiatement.
Nous échangeons quelques mots. Tu es parfaitement immobile. Mais pas tes yeux.
Je suis debout devant toi. Je me retourne pour regarder ce dont tu me parles et qui se trouve derrière moi.
Je te dis que je dois rejoindre les amis qui m'ont accompagnée. Ils m'attendent à l'extérieur du bâtiment pour aller déjeuner.
Tu ne dis rien.
Je ne peux pas dire que je n'attends rien de particulier.
Mais tu n'ajoutes rien.
Je te salue.
Tu ne bouges pas.
Je sors. Je ne me retourne pas. Négation corporelle. Masque. Façade. Tempête.

Je retrouve mes amis. Leur dis que je me suis arrêtée pour te parler.
Notre groupe se met en route.
Nous traversons la cour. Nous arrivons devant le lourd portail qui clôt le lieu.
J'entends des pas et une voix qui nous interpelle.
Nous nous immobilisons.
La voix nous apprend que tu veux savoir où nous comptons nous rendre.
L'ami resté sur place lui demande de transmettre sa réponse. Il t'appellera lorsque nous serons installés.
C'est à la fois inattendu et inévitable.
Un mouvement et son contraire.
Une absence de mouvement et son contraire.
Je ne dis rien.

Je regarde O.
Il me sourit. S'approche de moi.
Il ne me touche pas. Ne me prend pas le bras. Il continue à me regarder et calque sa marche sur la mienne. Place son espace près du mien.
Sa proximité me fait du bien.
Notre complicité me rassure.
O. ne devait pas venir aujourd'hui.
Et puis, il est là.

Nous nous installons au premier étage. Dans ce lieu que je connais déjà.
L'ami te communique l'information.
Partout, des habitudes.
Je descends me laver les mains.
Pendant mon absence, la place qui fait face à la mienne s'est libérée.
Je ne sais comment.
Je ne demande rien.
J'examine avec stupeur le vide devant moi.
Et tu arrives. Avec deux personnes. Que tu ignoreras pendant toute la durée de notre présence ici.

Tu t'arranges pour t'installer dans cet espace libre, après une série de déplacements quasi - chorégraphiques.
Ballet des espaces hésitants.
Tu me regardes et me demandes ce que j'ai commandé. Tu prendras la même chose.
J'ai de nouveau perdu l'art des mots.
Seul O. s'en rend compte.

Il me dira plus tard, bien plus tard que mon enveloppe charnelle est comme du verre pour lui. Seule une connaissance intime, authentique permet une telle lecture.
De lui je ne crains rien.
Je fais tout mon possible pour concentrer ma pensée.
Beaucoup de rigueur m'est nécessaire. M'impose une certaine artificialité.
J'évite ton regard. J'évite le contact frontal.
Il y a tant d'autres présences.
Et la tienne. Et tes yeux.
Efforts pour t'empêcher de prendre le pouvoir.
Je contiens un mystère que je ne souhaite pas dévoiler.
Qui ne doit pas traverser le dernier bouclier.
Je suis parfaitement perméable, parfaitement immobile.
Je pèse des tonnes sur ma chaise.

Je reçois un appel téléphonique d'un ami musicien qui doit se rendre au Japon.
Il m'annonce l'annulation du projet, puis son départ pour l'Allemagne.
Il m'invite ce soir dans un lieu branché de ma ville.
Je lui réponds que j'ignore l'heure à laquelle je vais rentrer.
Quc pcut-ĉtrc.
Peut-être pas.
Je sais que tu écoutes.
Je ne me suis pas levée pour lui parler, je n'ai mis aucune distance.
Quelques mots pour la simultanéité de mon passé, mon présent, mon futur. Quelques mots pour le mystère.

On nous offre une coupe de champagne .
Maintenant tu dois partir.

Nous partons tous.
Je me lève.
Tu dis quelque chose comme à plus tard.
Je pèse des tonnes.
Nous quittons le lieu.
Je redescends les marches en suivant les autres.
Inévitablement, nous devons nous retrouver dans quelques heures.
Ville aux lieux balisés. Rencontres incontournables.
Tu quittes notre champ de vision.
Tes obligations éloignent ton espace du mien.

Nous déambulons dans des rues que je ne connais pas.
Où je ne sais même pas si je souhaite me trouver.
Je suis accrochée au bras d'O.
Il soutient ma pensée plus que mon corps.
Sa présence m'est précieuse.
L'ami que j'accompagne d'habitude m'observe de loin.
Il connaît ce qui me lie si intimement à O. . Ne me voulait pas si éloignée de lui.
Il marche à côté du couple d'amis. Est en pleine conversation.
O. et moi suivons de loin.
Parfois nous nous rapprochons, collant nos espaces aux leurs.

Nous entrons dans une librairie.
Le temps qui s'est écoulé a fait que maintenant je me ressemble un peu plus.
Je regarde des livres. Je caresse du papier.
O. me fait un cadeau.
Je suis touchée.
Exagérément. Comme tout ce que je ressens. Démesurément.
La peau à vif comme les images que me renvoie ma tête.

Impossible déconnexion.
Je me déplace, croyant distancer le trouble.
Je n'y parviens pas.

Je croyais pourtant que ma venue dans cette ville, une fois de plus, une dernière fois, me rendrait capable de tout nier.

J'avance dans les rues.
Je ne me retourne pas. Parce que j'ai la certitude de ne m'être débarrassée de rien.
Et celle de ne pas t'y voir.
Je regarde ma montre.
De temps à autre, je retiens O. par le bras pour lui dire quelques mots. Une idée qui fuse.
Il m'écoute. Me comprend.
Son sourire m'illumine.
Je lui parle sans discontinuer.
Le trajet de mes paroles, le son de ma propre voix qui me revient sont comme un écho sur le sonar de ma conscience. Présence.
Je lis quelques lignes à O. de ce que j'ai écrit la veille.
J'ai eu raison.
J'ai eu tort.
Je ne peux aller contre ce qui m'éblouit et me dépasse. Ne peux lutter contre cette immense part non-organique de moi. Qui prend tant de place.
O. comprend. Me dit d'être prudente.
Je ne peux mesurer l'étendue de ma reconnaissance.
Comme frère et sœur lorsque l'ogre n'est pas loin.
O. sourit.

Nous nous dirigeons vers le lieu où nous devons nous retrouver.
Nous attendons sur une petite place.
Nous ne sommes pas certains de pouvoir entrer.
T. et moi plaisantons.
Nous échangeons naturellement nos places, les corps suivant le cours de la conversation.
Je commente l'architecture. Alliage de modernité et d'ancien. Pas toujours très réussi.
J'ai la sensation physique de ne former qu'un bloc avec tout le groupe.
Un bloc mobile, pensant. Intime. Mêmes plaisanteries. Même connivence. Etrange sensation de solidité.
Je ne connais pas l'intensité de ce que je réfléchis.
Obscurité. Lumière.
En vertu des pouvoirs conférés par l'inconnu et la fascination.

T. et moi croisons nos bras comme pour porter un toast, mais nous n'avons pas de verres à la main.
Juste des cigarettes.
Démonstration de notre complicité.
Avant d'inhaler la fumée, nous nous sourions.
Tu apparais au coin d'une rue à ce moment précis. Tu passes devant nous et te places un peu plus loin.
T. et moi exécutons un demi-tour opposé et simultané avant de renvoyer des volutes de fumée le plus haut possible.
Lorsque je me tourne, je suis face à toi.
Je ne te regarde pas. Ou plutôt juste une fraction de seconde.
Difficulté d'être dans l'impossibilité de la fuite, l'impossibilité du contact.

L'ami que nous avons rejoint nous fait une remarque au sujet de notre synchronicité : nous devons recommencer.
Ce que nous faisons très sérieusement.
Nous éclatons de rire.
Tu ne sais pas où te placer.
Entrer dans le bloc, dans l'unité de nos conversations. Tu ne le feras pas.
Tu nous regardes. Manifestes un étonnement discret.
La foule entre dans le lieu obscur.
Je ne sais pas encore que nous ne pourrons pas la suivre.
Nous continuons à plaisanter.
T. m'informe qu'une soirée sera consacrée au dernier livre que je viens d'écrire. Je vais devoir en lire des extraits.
Je réponds que je ne pourrai pas.
L'image que j'y donne de moi est trop différente des apparences.
T. se moque gentiment de mon mouvement de recul. Ce n'est pas dans mes habitudes.

Tu ne saisis que la dernière partie de la conversation.

Tu te décides à entrer parmi la foule.
L'ami que nous avons rejoint tente de nous trouver des places.
C'est impossible.
Je sais que je ne te reverrai pas.
Etranges contradictions. Violentes émotions antithétiques.
Je sais que je ne devrais pas.
Je sais ce que je devrais me dire.
Que tu ne devrais être qu'un homme parmi d'autres. Le simple souvenir d'une tentation par l'esthétique.
Une attirance parmi les impossibilités.

Que ce qui nous sépare affectivement, matériellement, humainement devrait me suffire à te ranger dans le labyrinthe de mes pensées.
Dans l'un des corridors de mon esprit.
Je devrais pouvoir t'ensevelir sans peine sous les tonnes d'images contenues dans ma mémoire.
Laisser tomber les rochers qui bordent le lac de ma conscience, ainsi procéder à une destruction totale.
L'annihilation de toute représentation mentale.
Eriger le plus haut et le plus épais des murs de briques jamais conçu.
Rassembler toutes mes forces en une seule détente et déclencher l'impulsion pour éteindre le souffle.
Mais un magma d'éléments que je n'identifie pas s'est déjà rué dans ma tête.
Depuis longtemps en attente. Enroulé dans l'ombre épaisse d'un creux de mon esprit.
L'éloignement constitue la seule source, le seul continent inoccupé en moi pour que j'y dépose ma raison en éclats.
J'étais entrée dans la lutte depuis plus de temps que je ne le croyais.
Le combat avait sournoisement débuté à mon insu.
Fulgurance du retour à des sensations du passé.

Maintenant j'ai quitté ton espace.
Je m'éloigne. Happée par le mouvement du groupe. Je ne peux que suivre.

Incapable d'avoir le moindre désir, de le formuler.
Nous allons dîner quelque part.
Je suis hermétiquement coupée de mes propres sensations physiques.

Désolidarisée de toute modification extérieure.
Déconnectée des nécessités cycliques.
Mon cerveau m'envoie des messages sans discontinuer.
Etablit des liens entre passé et présent qui me terrifient.
Avertissements. Sommations.
Le combat sera plus difficile à mener qu'il ne m'avait semblé.
Plus délicat que ce que je ne l'évaluais.

Je ne peux m'empêcher de penser à ce à côté de quoi je dois passer.
Ce que je vais devoir contourner. Sans un contact. Pas même visuel.
L'importance de ce que je vais devoir nier.
La dénégation est un acte d'une rare violence.
Je sais que je vais devoir me mentir, douloureusement, jusqu'à ce que le mensonge m'apparaisse comme une nécessité de survie.

Je regarde le contenu de mon assiette et je me demande comment tout ça a bien pu arriver devant moi.
J'attrape un morceau de papier.
Je regarde O. qui n'hésite pas. Nous nous lançons dans une production délirante. Absurde.
L'absurdité et l'humour qu'elle appelle vont se superposer au trop-plein dans ma tête.
Servir mon paraître.
Recouvrir comme d'un voile ce que je ne saurais pas même exprimer.
La lutte est ouverte. Sur les trois cent soixante degrés d'attaque possible.
Sentiment de forteresse assiégée.

Je dois bloquer les accès aux sensations du passé. Déceler en moi-même la moindre faille. Et colmater.
Me tenir un discours de raison, d'évidences.

O. et moi écrivons d'une traite, les phrases se succèdent à vive allure.
T. se décide à écrire aussi.
Relâchement de l'intensité des tensions.
Je m'entends rire.

Nous quittons les lieux.
Allons boire un dernier verre quelque part avant de reprendre la route.
Regagner notre ville.
J'ai quelque chose à regagner moi aussi.

Je sais que je dois rentrer.
Surtout sans me retourner.
Ne pas autoriser mon esprit à regarder en arrière pendant que mes yeux fixent la route qui défile.
L'obscurité. La ligne médiane.
Ma ligne de fuite.
La diagonale du fou que me dicte ma raison.
Raison que j'invite à ne plus me laisser d'instant de répit.
O. et T. choisissent le registre de l'humour et commencent à chanter des textes hilarants, assis côte à côte à l'arrière de la voiture.

Nous arrivons.
E., O. et T. me souhaitent de passer une bonne nuit.
Je me souhaite des jours et des jours marqués par la force et la patience pour tuer le moindre atome, la moindre particule vivante de trace de toi dans ma mémoire.

Champ de forces invisibles.
Destruction de l'impalpable.
Il me reste le pouvoir des mots.
Comme un message envoyé vers le néant.
Seigneur de guerre invisible.
Moi-même devenue seigneur de guerre.
Vacillante.
Avec pour adversaires les plus terribles, les plus puissants, les plus invincibles : ma propre volonté. Mon propre désir.

Je rassemble mes forces et je commence à bâtir la plus haute et la plus épaisse des murailles.

Je visualise des pierres, d'énormes pierres.
Chaque jour, des pierres.
Chaque jour j'isolerai ma mémoire de toute forme de projection mentale.
De toute image.
De tout désir.
Chaque jour j'obligerai mes yeux à fixer le monde en face.
Et j'oublierai.
Sans jamais tout gommer.
Sans jamais effacer de mes souvenirs le premier véritable regard de ma vie.
Sans artifice, sans dissimulation, sans volonté de prise de pouvoir.

Chaque jour, un peu plus de pierres.
Et un sourire de moins.

Indécelables mouvements à l'intérieur de moi. La seule à l'éprouver, la seule à le connaître.

Evidence du combat définitif.
Dont je ne sortirai ni vaincue ni vainqueur.
Mais avec un sourire de moins.

POLARISATION III

Elle dit qu'elle ne rencontre que la peur quand elle commence par aligner seulement des mots, des idées plutôt des sensations des images, quand la tête n'y est plus ce ne sont que les messages du corps
Elle dit que le corps est un messager impitoyable, une telle vérité sans cryptage de l'inconscient, que tous les écrans du monde ne sauraient y remédier

Elle dit qu'elle ne rencontre que la peur parce que ça commence
par : adrénaline électrochocs
Elle dit qu'il y a tant de violence qui ne doit pas franchir l'enveloppe corporelle le dernier bouclier charnel qu'après celui-là il n'y en a pas d'autre
Aucun autre
Elle dit qu'il n'y a plus rien pour aider les apparences à ne pas se sauver

Elle dit encore que c'est quelque chose de tellement
De si profondément humain
Que rien ne saurait le mesurer

Elle dit que ça commence par la chaleur, le poids d'une chaleur atomique, une sensation nucléaire que rien n'égale
Elle dit qu'elle connaît une deuxième fois dans sa vie la peur quand l'univers se limite aux frontières du corps de l'autre
Et tu la frôles, juste quelque chose d'imperceptible
Et elle sait, elle sait trop bien qu'un contact, un si léger petit contact peut être si douloureux à force d'invisibles échanges
Elle appelle ça l'abomination de la retenue

Elle dit que le prix à payer devrait être celui de la damnation éternelle pour ne pas avoir su, pour attendre une autre vie pour oser

Elle dit encore qu'elle connaît trop bien ces émotions cette sensation cette aimantation inhumaine pour courir vers elle les bras ouverts
Elle dit que si elle s'y laisse aller si elle se laisse convaincre elle ignore si elle pourra se relever
Elle dit que c'est comme ces sept ans il y a dix ans en arrière
Elle dit qu'elle se connaît trop bien maintenant, elle sait comment ça commence le début les prémices le premier avertissement
Elle sait le mouvement
Elle dit que son cœur et sa raison ont beau se liguer pour se défendre, ils luttent pour une fois côte à côte avec sa mémoire aussi, ce qu'elle a gardé de souvenirs
Elle dit qu'elle ne sait même plus se protéger d'elle-même

Elle dit encore que rien ne l'effraie plus que le versant obscur quand il lui semble parfois que le ciel est en bas.

DEPLACEMENTS II

DEPLACEMENTS II

RIEN DE CE QUI M'EST IMPORTANT NE M'EST ARRIVE SANS VIOLENCE

Je me déplace.
Je me déplace maintenant dans un monde de chaos et d'hostilité à mon propre égard.
Comment se vouloir à la fois du bien et du mal ?
Survivre intact à une destruction volontaire.
Je continue à être. A souhaiter être la même.
Je continue malgré les événements tout juste passés. – don – fatalité – bonheur – inestimables fonctions vitales –

J'avance.
Je traîne derrière moi le sillage d'images d'une intensité rare, sorte de promesse qui ne sera pas tenue.
Comme un état de grâce qui ne me sera jamais accordé.

J'ai plongé de toutes mes forces, sans aucune retenue dans un regard, un espace.
Désir de vivre.

Je me déplace dans le monde avec le seul but de me sauver d'une immense attraction, presque inhumaine.

Je me déplace pour distancer ma mémoire,
établir des barrières en souhaitant qu'elle ne sache jamais me rattraper,
Jamais comment me rattraper.

Je me déplace pour ne pas rester immobile dans le temps qui passe, avec pour seul désir celui d'attiser ma capacité à oublier.

Je me déplace pour tenter d'ignorer que le calme absolu, débarrassé de cette tentation, n'existe pas.
N'existera plus.
Que le souvenir de ce qui n'a pas été peut être plus vivant et plus tenace que tout ce qui a pu m'arriver, avant.
Avant la connaissance d'un tel regard.
Avant la connaissance du plus infime contact.

Je rencontre l'espace
élémentaires particules de l'air que je respire et qui m'isole des indésirables de tout ce que je ne souhaite pas rencontrer.

Parfois tout s'échappe
Tout échappe à tout contrôle.